U0129339

第四十一種藍

九月詩集

九　月　著

文 史 哲 詩 叢

文史哲出版社印行

國家圖書館出版品預行編目資料

第四十一種藍：九月詩集 / 九月著. -- 初版. --
臺北市：文史哲出版社, 111.02
　頁；　公分. --（文史哲詩叢；155）
ISBN 978-986-314-589-9（平裝）

851.487　　　　　　　　　　111001687

文史哲詩叢 155

第四十一種藍 九月詩集

著　　　者：九　　　　　　　　　　月
出　版　者：文　史　哲　出　版　社
　　　　　　http://www.lapen.com.tw
　　　　　　e-mail：lapen@ms74.hinet.net
登記證字號：行政院新聞局版臺業字五三三七號
發　行　人：彭　　　　正　　　　雄
發　行　所：文　史　哲　出　版　社
印　刷　者：文　史　哲　出　版　社
　　　　　　臺北市羅斯福路一段七十二巷四號
　　　　　　郵政劃撥帳號：一六一八〇一七五
　　　　　　電話886-2-23511028・傳真886-2-23965656

實價新臺幣二二〇元

二〇二二年（一一一）二月初版

著財權所有・侵權者必究
ISBN 978-986-314-589-9　　09155

住在比夢更大房子裡的女詩人
——讀九月的新詩集

向　明

　　說起來又是托了周公的福氣，偶然我在微信網路研究周夢蝶詩學的群組裡，發現了一個叫做九月的女詩人，看名字我就想她一定是個周公的崇拜者。周公最愛以月份為題寫詩、有首詩題為《十三月》，創意十足，這才是大詩人的不同一般之處。終於我和九月聯絡上了，知道她正是周公的小老鄉河南淅川人，且在淅川縣的文化局做事，我再問可知周夢蝶其人，她說知道但不熟，而且她也不是研究群組的一員。後來我才知道其實她早就在臺灣各詩刊上發表作品，而且得過星雲文學獎詩歌類的大獎，寫的是一首禪詩名《在靜寂裡坐著》，獲得獎金四萬新台幣。更令我吃驚的是，她已在大陸河南文藝出版社出版過一本詩集《守城人》，而且是由我們臺灣詩壇的兩大中生代評論名家陳去非和劉正偉兩教授寫的序。有人說做詩的學問一定要「挖深織廣」，我這寫詩一輩子的老詩人，居然這麼孤陋寡聞，連近在身邊這麼驚人重要的詩界新星出現都不知道，我是多麼的閉塞無知呵！

　　現在我的麻煩來了！九月居然寄來了她準備出版的第二本詩集《第四十一種藍》稿件，要我為她的詩集寫序。我以為又是她參獎一類的禪佛詩，我對佛學可說一無所知，乃馬上請她轉請那些評她得獎詩的評委去寫，他們才駕輕就熟。但她回答我這不是佛學方面的作品，而是咱們日常普通現代詩，你一定可以寫得很好。我又說還是請上次寫的兩位臺灣中生代實力寫手去寫，他們都在研究執教現代詩比我這老頭順手得多，但她說已經麻煩過他們一次，不好意思再開口，而且她根本不識去非老師，堅持請我這老得走不動的所謂詩人執筆。

　　既然九月看得起我，我已非寫不可，現在只好先說些我自己為詩之道以作開場。我說我的創作表現是完全與她方向不同，我的出身和人生際遇以及歷練與她相去太遠，我是從漫長的坎坷且驚險中走過來的，且沒有正式讀過什麼書。詩是人生經驗的反芻，開什麼樣的花就結什麼樣的果，這是一定的循環。我常說我的詩也是我身體內排泄的一部份，就像流汗流淚流鼻涕以及大小便一樣，一有內在的必須或外在的刺激就會自動的流露。我的寫作啓蒙老師覃子豪前輩在我初次獲得青年詩人獎時，即曾認為我的詩是被生活壓力所激起的一種反抗，有一種永不被屈從的堅韌特質。所以我的詩是不溫和的，有後座力的，甚至有極強烈的批判不滿力道。而這些可說與她的詩表現完全相反。

　　劉正偉教授在前一書序言中說她對「純詩」追求的態度極其誠懇真摯。對於這一點，九月的對詩誠懇真摯態度我絕對同意，但將之歸類為「純詩」就值得推敲，純者不雜之謂，世上

尚無所謂純至毫無雜質的詩，任何語言一上介面即在其相對的
關係上找到意義，甚至歧義，這就不純了。就連法國一生專門
追求純詩的象徵主義詩人保羅·梵樂希也說：「純詩的思想是
一種不可思議的典範的追求，但我們要解決的問題是能否創作
一部完全排除非詩情成分的作品，我過去認為，現在也仍然認
為這個目標是達不到的，只是企圖達到此一境界而已。」但看
九月的詩作可說都「不純到」有如雜花生樹，且「複雜到」有
若亂箭紛飛，絕不是純理性自然的線性發展所可輕易讀得通
曉，而且她有著傳統詩法的所謂句斷意不斷的高妙，令人叫好
的正是她這種吸引人的曲徑通幽的神秘和不純。

　　現在已是一個後現代情境極為令人激賞玩味的時代，而多
元與跨界表現正是所有後現代藝術的必備，觀諸九月在這本詩
集的諸多作品中，發現她雖未明言她在作後現代的表現，或實
驗仿作某文類的新潮主張，但由於她涉獵之廣、讀書之多、用
心之專注，可說古今中外的各類藝術的表現特徵均能被她巧用
在詩中，供她作意象表現的驅使，其豐富與複雜顯然有 T·S·
艾略特在長詩《荒原·WASTLAND》中一樣的開放大膽，事
實上她應是集象徵主義、意象主義和超現實主義各家之長在經
營她的詩作。現在且引詩集中一首詩《練習》以作引伸：

　　　　銀行卡裡的餘額是一條蛇。
　　　　"我們熱愛謊言，有時勝過熱愛真理"
　　　　對於夏天，盛滿白水的杯子更有發言權。
　　　　黑色花瓶已閒置許久，落滿灰塵的樣子

活像會議室裡穿西裝的主角。
這樣的天氣，耳朵遭遇太多風暴
我只想要甘霖。
所有的畫作都在房間裡躲著
有點兒怯弱，像我。如果可以永遠
不出走，黃褐斑會從我的臉上
轉移在一枚梨子的表皮細胞？它經不起曝曬
和採摘人、批發商、購買者流水線式的掠奪。
中暑、泄瀉。我經不起另一個自己的審視
生活毫無血色。
慵懶的皮沙發被我躺著
桌子、椅子、鋼琴、魚缸，和一些雜物
都在相對論裡產生鏈接。存在之必要
藿香正氣膠囊和拉赫馬尼諾夫
長嘴鱷和大紅袍。練習一首無詞曲，類似游泳。
我嘗試讓自己接近無限。
嘗試讓昨天惡的種子，在今天的呼吸裡衰竭。

2020.07.03

　　《練習》一詩僅 21 行，是她這本短詩集中少數超過二十行
的一首。她曾說她的這些詩都是咱們日常普通現代詩，適合現
在一般人閱讀，我大步的進去瀏覽便覺得這真是一個富有又豐
滿的花花世界、朗朗乾坤。寫的和詩中反映的確實都是現代人

所生活的實情實景，包羅萬象、時空壓縮，同時也有陌生的意象和過速的跳接，會從遠古速達到近代；從遠方的歐美到近身的家居；從令貨幣消失的金融卡到被稱為掠奪者的營銷人、經銷商；從皮膚的黃褐斑點到中暑、腹瀉；從一條蛇到長嘴鱷；從愛因斯坦的相對論到拉哈曼尼洛夫難懂的浪漫樂派；從她一樣怯弱的靜物畫到和被她躺著的皮沙發，整首詩構成的畫面彷如一部縮版的世界文明史，或一具瞬息變動的萬花筒，隨時有措手不及，應接不暇的意象出現。譬如這首詩的第二行「我們熱愛謊言，有時勝過熱愛真理」，這本是耶教傳道者常講的一句勸世警言，卻在這兒前不巴村，後不接店的冒了出來、難免有令人突兀之感。這句具普世價值的警言，在這冠狀病毒橫行無忌全世界的人都惶惶不安的時候，一位以色列的歷史學家諾亞‧赫拉利卻在所著《人類簡史》中，特別在「如何在 21 世紀活下去」的問題上提到這一句話，便值得更加警惕。

　　九月在這詩中也單獨提到這句警語應是她讀書的細心和用心，值得嘉許，但冒出突然，前後都不接壤，也無附注說明，未免使人感到突兀。其實現代人都不愛讀書，尤其這種只有高級知識份子才一睹究竟的大書，一般人尤其自大且不虛心的詩人是不會理睬的，這是作者未顧及到一般大眾可以接受的誤區。其實英國大詩人 T‧S‧艾略特在所得諾獎的 434 行長詩《荒原》中，比比皆是這種令人難以進入的誤區。《荒原》完稿時原本 850 行，艾略特送給他的老師伊茲拉‧龐德審查時，發現此詩發展得實在太繁複艱深，毫不留情的腰斬掉一半，才剩現在的這個版本。但直到而今仍被人認為是世上最難以完全進入的一本長詩。雖然有些譯本已加入與詩行數相等的附注，但已無法挽回事實俱在的成見。這是廢話，最後我仍不得不佩服一個八零後的九月，會有如此巨大的應力和想像力寫出讓我只有慚愧和折服的好詩。在此祝福她會連連寫出更多發光的好詩照亮這荒蕪的世界！

2021.02.17

第四十一種藍

九 月 詩 集

目 次

倒　敘

第十三日

病毒毫無徵兆爬上他的衣服
雨貼著玻璃，她試圖抹平一道道蛇痕
像抹平輾轉了一夜，身體裡的褶皺
而另一種病毒正吞噬數百公里外——她的呼吸
他把暫停鍵放置在馬勒柔美的阿爾瑪主題
　a小調便從她打開的水龍頭流出
就在那片被風吹過的蘆葦灘深處
偶爾有牛鈴聲向他們宣告不可逆轉之命運的裁決
但，總有幾株鳶尾在向她招手
總有幾株鳶尾，在向他招手

2021.09.08

第十二日

女兒將十二歲淡藍色的呢喃丟向窗外
細雨仿佛春天萌芽的嫩草，被秋風剃了下來
那是母親一直珍藏的信箋。
厚塗的蝶尾魚還掛在畫布上
她打算複製一尾，在一個盛滿舊事的盆子裡
"桂花開……桂花又開了"
香氣穿透時間的壁壘、人群和口罩，穿過肺腑
拂過她的錯愕。清晨需要一泵摩卡糖漿
以及，短暫的平等。

2021.09.05

第十一日

月亮被疫情捆綁，清晨的陰鬱
令她深陷其中。"她聞起來像樹"
他聞起來像樹，思念沒有標點
一場接一場的夢境中堆積著沒有休止的文字
窗戶打開。光從屋裡走出去，像汽船身後
藍色自由的小丘連綿不絕
光踏著自己的影子從屋裡走出去
（穿布卡的水滴能否熄滅一場戰火？）
她讀小說般讀頭頂的烏雲，讀詩歌一般
讀威廉・福克納。她的腳下
滿是風中的流浪者——迷惘的碎片
一朵花開出巨大的漩渦。

2021.08.24

第 十 日

試著接納。魚群不得不折返
鏗鏘的雨和歎息正燃燒黑夜，僅一岸之隔。
跌落的火苗與歌聲彼此消融
泥水鋒利，迸濺在小城的咽喉處
“熱愛生活以更加熱愛死亡”
遵從神的旨意，她願繼續行走在崖上。

註：引自西蒙娜・薇依。

2021.07.10

第　九　日

生即疼痛，清晨自一束分娩的光開始
行人和車輛書寫他們或長、或短的句子。
辦公室裡，印表機不停歇偷竊人的記憶
詩行從走廊流向廣場。
聒噪和炎熱不斷提醒我們，所得皆是外物
一杯白水的旅途更令人嚮往。
高處飛翔的執念正去往電纜上停歇
無謂的流逝，沖淡一群群詞語。

2021.06.29

第 八 日

泳池裡的水，遮蔽半個下午的陽光。
她將自己投入自由
那是用滿山滿山的蓼藍草，也染不盡的深度。
她沒有鰓腔。
白銀灑滿周身可是昨夜夢中令人無法分辨的霧
和冷霜？
耳畔傳來老柴六月船歌的彈奏
那裡有淡淡的雲，追著魚群漫步
在相同的下午，在另一個緯度。

2021.06.28

第 七 日

夢中落日拖著長長的羽尾……

2021.06.18

第 六 日

女兒述說她的一天，像續寫母親
在夏日微光裡隱藏的一小截生命。
她們分食半個西瓜，其實是走進事物的內部
成熟得炸裂的聲音與刀柄抗爭
母親看到一片雲，從哭泣到平靜。

2021.06.09

第 五 日

有一個身影始終在彼岸。
一雙血淋淋的手，仍未鑿開清晨與夜幕之牆。
那輛沉重、載滿卡車的詞條
失控，並沖進懸崖的懷抱
孤獨的杏樹腳下，呼吸和某種未知的神秘
跌打碰撞出層層浪花。
漫天的藍色，都在奔走、呼號
她們自己的眼睛。

2021.06.09

第 四 日

鑲嵌在午睡夢中的蕾絲花邊上
輕輕一扯，就有一幀接一幀的畫面
從一個靜躺的女人體內，走向體外。
她正認真體會短暫相見的過程
望都沒有望一眼熟睡的自己，和被陽光
打散的腳印。沉默生出鮮嫩的葉子
省略號，被安排在一首詩的結尾
她拿起筆，可鞋子走失去了哪裡？

2021.04.07

第 三 日

謊言先她一步走出屋子
她熟悉樓梯二十三行臺階，確保
扶手的灰塵不會與藕紫色大衣產生觸碰
玉蘭樹上，盛放著層層疊疊的鳥鳴。
她尾隨她，腦袋裡盛滿咖啡、空腹。
陰。無雨。她開始在多維監控器下勞作

2021.04.14

第 二 日

微醺。
她躺在思想寬敞的牢籠，努力回憶清晨
如何從一場失火的夢境中走出。
口袋裡裝滿深藍色火焰
和焦灼的句子，他的句子。
路口極窄，曾記得五柳先生的桃樹已落花。
煙雨濛濛，宣告又一日的結束。
飛翔。散落在水泥房頂的米粒
早已被帶往接近白雲的地方。

2021.04.13

第　一　日

順從雀鳥低飛的指引，第三協奏曲
自遠山之巔奔湧而來，穿過田野、叢林
站立的高樓、停駐的火車，以及
被丟棄在青石旁破損的，時間的草帽。
天色將黑未黑，殘雲似粉筆
在備忘錄裡寫下長長的一。
而遠方，誰正燃燼心底的煙？
八分二十三秒，拉赫推起巨大的波瀾
埋葬掉一些失敗
（暫且算作失敗吧）
但她固執地偏愛那些不可能。
否定之否定
管弦樂尾隨一陣春風，疊加出雪白。

2021.04.12

清　晨：給 M

醒來，將一些"博爾赫斯"之類的注射給自己。
扔掉昨晚與你在廣袤的褐色中追逐的夢
扔掉那枚異域的月亮。窗外的雨

照舊點燃一支玫瑰味的細香
更多時候，是在曙光的尾巴上
有一個我，正看著它努力與巨大的空氣對抗。
有一個我，已在十分鐘後的灰燼裡成冰。

有些日子沒寫點什麼了。我想沉默下去。
餐桌上那杯近在咫尺的海洋
是我用身體裡的鹽巴，為你沖泡的。

2019.12.11

韁繩在天橋上奔跑

韁繩在天橋上奔跑，雲有沉沉的腳印
車輪經過時，馬背上的菖蒲抽搐
抖落的溫良被夕陽反復撿起
冬日傍晚的湖水收納浮華與喧囂
魚鱗是一面面鏡子
鍍金的籠子將馬蹄死死罩住
我來到龍珠山的頂端
看月光把玄女廟的香火點燃，俯首溫暖
這裡沒有福克納，沒有波伏娃，
沒有加繆，沒有嚴寒
耳朵已不聽使喚的老叟，把幾十年的時光都交付
給一場與道有關的清夢
而我，又能將星河交付與誰？
車輪輾壓著黑夜，漁人手持電箱正在收網

2021.12.20

練　習

銀行卡裡的餘額是一條蛇。
"我們熱愛謊言，有時勝過熱愛真理"
對於夏天，盛滿白水的杯子更有發言權。
黑色花瓶已閒置許久，落滿灰塵的樣子
活像會議室裡穿西裝的主角。
這樣的天氣，耳朵遭遇太多風暴
我只想要甘霖。
所有畫作都在房間裡躲著
有點兒怯弱，像我。如果可以永遠
不出走，黃褐斑會從我的臉上
轉移在一枚梨子的表皮細胞？它經不起曝曬
和採摘人、批發商、購買者流水線式的掠奪。
中暑、泄瀉。我經不起另一個自己的審視
生活毫無血色。
慵懶的皮沙發被我躺著
桌子、椅子、鋼琴、魚缸，和一些雜物
都在相對論裡產生鏈接。存在之必要
藿香正氣膠囊和拉赫馬尼諾夫
長嘴鱷和大紅袍。練習一首無詞曲，類似游泳。
我嘗試讓自己接近無限。
嘗試讓昨天惡的種子，在今天的呼吸裡衰竭。

2020.07.

布洛芬

安吉利科，在濕壁上虔誠地塗抹。
白雲極速下墜，讓人來不及思考。
我很好。我應該毫無血色
像被白色熟石灰反復粉刷。
我拿起杯子，吞下幾粒布洛芬。

如此安靜，我小小的白色理想國。
將自己放飛出去，就連夢，也不用做了。
那些在疼痛裡誕生的赤紅、灰綠
（或許還有一些天空藍）
散發出礦石沉默的光澤。

有一絲苦澀覺醒的味道。
代替樓下花牆旁的園丁
它們一整晚，都在修剪我。
感謝這樣的恩賜
當晨光，照進來的時候。

2019.07.13

那　夜

不眠鳥們，都閉上嘴巴。
我放養多年的星星
也安靜下來
在松柏的肩頭
沒有發出一句，"咩咩"聲。

你筆下的雲，已然休憩。
只有阿爾初生月下的麥垛
還在窗外，遺留一些細小的創傷。
清酒杯中，有幾朵浮世繪的浪花
偷偷蕩漾，誰羞澀的念頭。

沉默許久之後
房間裡燃起玫瑰色的火焰。
我走了進去。
聽到，你身體裡
大聲呼嘯的海風。

2019.06.13

日　記

鐘擺行走的軌迹在沙拉盤裡放著
鋼在勺柄中流動，瓷盤邊沿有一條醒目的界線
咖啡成為慣性名詞
人造秩序向來經不起推敲
折疊一段桌布，等於抹掉一種存在？
羅伯特‧勃萊那個瘦瘦的冬天永不會結束
他揮動翅膀，去了他想去的地方

2021.11.26

請叫牠斑鳩先生

牠引發的戰爭像一出舞臺劇
油綠的鐵籠外，紛飛著幾枚淺褐色羽毛
爭吵，在馬勒的復活曲中生出高高的藤蔓
然後將一個下午狠狠摔在地板上
把那些自由——摔的粉粹！

儘管牠是個不速之客
請叫牠斑鳩先生！
牠悠然審視時間的正反面
審視聚光燈下被衣物粉飾的我們
羞怯吧，我用哭泣為牠贏得了遠飛……

2021.12.05

冬至傍晚

被子薄了，對湖的渴望卻加深
日子過得如同解式，公式可算出受驚的水鴨
在人闖入幽密之境時騎浪的速度，算不出
幾枚牛腳印章在紅泥地
等候我到來的溫暖和驚喜
小漁船的馬達是一隻毛糙的螯，從淺湖底走開。
冬至傍晚，太陽回到龍珠山下
我拿手機拍下玄女廟的剪影
湖面上的火焰不再搖曳
湖邊群生的白茅已死，但仍有血色

2021.12.21

四　行

春風吹得無節制，你我
皆是浪花的囚徒。
青山不因馬蹄離去，而衰老
淺草上零落幾朵，白色的鳥鳴。

2018.04.14

我選擇

我選擇白色，選擇識物而無相。
選擇棲息於茅屋之上，而非之下
胸腔空谷，有清風徐來。
我選擇與年邁的大海為伴，在他的掌心
安睡或奔跑，赤裸著相擁。
我選擇食用素粥、粗飯，借潺潺之水
清洗雙腳走過的來路。
我選擇依戀遠山，在雲朵上書寫偈語
以月亮為名，以羽翼為質，以夜為硯。
我選擇，不以商事為伍，無視傳柄移籍
我選擇寡淡、緩慢。
我選擇無詞曲。選擇每日焚香於窗前。
我選擇蹬步梯。選擇高高的夢。
選擇苟言。選擇獨處。
我選擇輕視苦難，選擇端坐於堂前。
我選擇活著、選擇掩耳微涕或微笑。

2020 年除夕。

復　活

趕很遠的路
在春天第一場雪，降臨前抵達
風攜著我，和小說裡的默爾索。
人群和那座城市都被帶上口罩
我是個局外人，卻在異地蘇醒。
幹掉一整瓶紅酒，像喝完一個冬天
夕陽跟蹌著，從一處山坳到另一處山坳
我們去到自由高地，看一株紫蘇草
復活的，還有柳枝上的細芽
湖面密密麻麻遊走了百年的弦音
你曾在二十樓的花灑下為我掬起的一捧溫水
以及地殼運動時，遺落在岩頁夾縫裡
朵朵，古老的玫瑰

2021.03.02

未完成的

清晨五點鐘的暴雨，酷似新鄰居
夜裡發出的歡愉。這樣的激情
是一株小雀草所不具備的。
夢走走停停，留戀那些未完成的部分
蚌殼才是天空最完美的情人，誰說不是呢？
塗了一半的畫作，還在上周的空氣裡拖延
暴雨是否得知四十公里外的存在？
我質疑，繼續下去的意義。

2020.05.16

湖

蘇醒並不依賴良知，有或沒有一杯咖啡
臥室窗臺的麻雀，都會在此時奏響一曲讚美詩。
習慣屋門緊閉，習慣有夢
習慣體內一顆零部件破損的小型發動機
緩緩的。
床單上靜止著遙遠的溫柔
和一大片莫迪里阿尼藍。
我，深陷其中。

2020.09.17

交替之時

河水暴漲，衝垮我夢中的牙床
七顆牙齒，如同七隻小羊
在暗藍色的身體外走失。
此時繩索和垂柳已無區別
面對賦格的藝術、樸素的車輪
風吹來時，巴赫是巴赫、墨子是墨子
牽制等同於放逐。

缺乏藥物輔佐，腫脹的黑夜
從指端溢出。
沒一聲鳥鳴，或是貓咪撞眼的側影
光走了進來，如此安靜。

2020.08.14 凌晨

傍　晚

傍晚，瀕臨死亡的光有溫暖的顏色
在低垂的雲海中掙扎，拽著人群的褲腿。
肌肉正被動運動，馬達敲打的聲響
敵不過輕柔晚風。

霓虹產生飽腹感。水泥樓房的直角分外清晰。
我聽到一些稀薄的蟬鳴
他們是勇士嗎？
可否住進希伯來人的聖殿？

法則無法在麵包片上自由塗抹
我想到那隻不遠千里停靠在你腳趾的蝴蝶
牠扇動翅膀時，空氣中拓下的畫作
正是我此時隔窗看到的。

2020.09.15

清　明

墳塋上，幾叢淡淡的紫菀
那是我沉默的童年，在土褐色的紙片上
結出的花
灰塵落滿人間的屋簷，於是便有了雨
我想，我是為詩而生——並為之而死的

許久未談及生死，並不是因為徹悟
靈魂有太多種復蘇的途徑
他們每走進一次我的夢
就又微笑著，活過一回
黑夜裡有條星星鋪就的來路

彷彿，誰也不曾被奪走過春天

2021.04.04

魚關夜曲

紅泥躍上她們的裙襬，像久違的吻。
繁星與腳步，在停歇的春雨養肥的土地上
踏著節拍慌亂。而篝火，搭著月亮的肩。

在熱鬧面前，詩人是個自悲的角色
但我，還是在心裡奏起拉赫的帕格尼尼。
沒有錯過雨後半個下午的鳥鳴
多麼繁茂的聲音，使我們的對話變得柔軟
軟得，能滴出淚來。
就連我書本裡的文字也跟著發酵。

早已將去年此地，某個春天的日出
裝裱進畫框。夜色，和雲霧
也遮不住江對岸眺望的峰巒
知道嗎，南坡的油菜花們還在徹夜狂歡。

2021.03.20

魚關的早晨

鳥喙將紫灰色的天幕啄出縫隙
薄霧把群峰，與江岸拉近後
就走開。
越來越多的金子，從江心流淌出來
任魚群唼食。
島上幾株枇杷樹，與我已是舊相識
懷想去年五月的一個星夜
曾一同談詩。
向日葵林和格桑花海初見
晨風將我心，輕輕搖擺
閉上眼睛，有不勝數的鳴唱落進耳朵
露珠泛著青瓷的光澤
水甕盛滿移民思鄉之沉默。
瓦簷上停歇著我遠道而來，為之奔走的太陽
連麻雀也知道
它每升起一次，碑文上的名字
就閃耀一回。

2020.06.29

在靜寂裡坐著

餘暉銀鈴般，穿透佈滿灰塵的天窗
和一些鳥鳴。

葉子落下沉默如雪的回憶。

孩子和野狗依偎在一起 。
有人問 "時間帶走了什麼"

河流每分每秒都在回答

荒野無門，風沒有來過。

黑夜裡驚雷卸下誰的面具
也曾在夢中慌亂，辨不清雲朵上的偈句

直到木魚將夢敲醒。

羊群也隨群山遠去。白色。黛色。

截木，在泥土裡生根
我，在靜寂裡坐著

石頭和苜蓿，爭辯細碎的生活

2020.09.10

21 日，雨

酉時，雨仍在下。
我日復一日被掩埋在票據中，案几上的花
一盆接一盆的枯萎。

太在意存在的邏輯性，反而等不到晴朗
各種聲音進進出出，它們在找尋什麼？
峭壁上的圖樣，是時間和刀具並存的佐證
利器由來已久。琴弦、弓箭，可以並峙。
我看到霓虹在地面的積水中流動
車輪不停經過。

此時的天空，是藍色的第四十一種。不必焦慮。
我，也不能等同於上一分鐘。

2020.09.21

冬至寄遠

我躲在彎彎朧月的新水畔，見字如面。
遲遲來，二十年前的蘆葦蕩
即將走過最長的黑夜
深處有低音鍵反復踩踏著風尾的金屬聲
有你裝滿鹽的雙眼、鑲嵌鴿子羽翼的禮帽
以及逐漸清晰的
我的夢境、你的背影

見字如面。拉赫的交響曲又在寒風中奏起
那些珍貴時刻
在日復一日的車水馬龍、紅紅綠綠中零落
落到哪裡，哪裡就衍生出另一個我
或被帶離，或被凍結，或安放
或泯滅。我慚愧
我不敢用馬基雅維利的哲學去審視這個世界
（還好，無限是群沉睡的蝴蝶）
等待吧
等一場安安靜靜的雪

2020.12.21

存　在

雨停。樹木乾淨整潔
馬路上的落葉和風一起
被車輪輾過
我的手掌，一陣陣疼。

呼吸是鏈接，也是界限
那些被拒之門外，躲在低處的言説
更像我昨夜無法觸摸的夢
且成為現實中行走的佐證。

與一首詩論存在，他便將我指向微小
雨花裡暗藏城堡和王國
沾在誰的鞋子上
誰就可以説擁有過一切。

擦肩而過的男孩皮膚黝黑
左耳處的白色繃帶，讓我想起阿爾渾圓的太陽。
桔色掛在陳列館，隨時都可以燃燒
但死亡並不能成為一個人的結束。

水窪裡，是一整片天空
能看到千年之外的藍和平靜。
被伐木工運走的，是一具存在
溶於煉金術的，是另一具存在。

雲朵正歷經戰亂
從米白到灰紫，昭示著無常。
雨伴著拉赫馬尼諾夫的第二協奏曲
滴落在，一朵蜀葵的心窩。

2020.08.10

昨日之鳥鳴

我已浪費掉江畔一個潮濕的夜晚
形式上的出走，可算作苟且。
萬頃鳥鳴為柵，閃著紫光的雲田

俄耳甫斯的歌聲裡，落滿了星星
無法回頭，儘管飛鏡重磨
儘管，我僵硬的脖頸已病態
在五樓陽臺上，肉眼所及的一切
都在試探某種貪婪。
我看見稻草人在田埂旁站立
腳印，一個清晨
一個傍晚

漁船，混雜著煙酒的味道
令人厭棄。"應無所住，而生其心"
月影是鏡中的波若
未來的水中游動著未來
我已聽不出，今日
與昨日，蕩漾之鳥鳴。

世俗名利，在我的髮梢打結
高跟鞋辨認不出天花板的高度
與莊周為鄰，在夢裡
水晶燈眩暈，我被泊向逆行的遠方

2020.08.16

回　信：給牧羊人

陽光正收繳昨日之我，連同
不值一提的腐敗文字。
沒有草帽，我只有精緻、虛偽
黑白波點彼此跳躍的遮陽傘
但足夠容納你的七隻波爾羊，和
你樸素的十四行。
更多時候，我看著它們放牧在高高的理想之丘上
我倍感羞愧。

無法擺脫物質和名譽的束縛
我總是拿佩索阿的多重身份，緩釋另一種焦慮
從赤紅到淺藍，沒有什麼
是不可饒恕的。
把你的羊群借給牧場
把我的自由，還給死亡……

2020.04.11

三月十日

月光賦予微風一截翅膀，卻奪走
它黑色，遼闊的眼睛。
無數個渺小的我——趁虛而入
放牧自己，如同放牧成群的
自由之羊。

有時候飲下一杯就是埋葬一個虛無
有時候，卻是復活一場。
此刻，我的左手和右手之間沒有熟悉
只有深深的懷疑。

2020.03.10

小 築

懷想起那個，從鳥鳴的縫隙裡透出微光的晌午
梅花開滿昨日之雪。
溪水停留在還未走遠，山坡的輕哼處。
人影，得以清晰起來。
我在此處，浣洗自己愈發沉重的俗念。
鋪排開大片大片的雲朵。
飽蘸黛色，讓“小築”這一方悠然閒章
拓印在出走與歸來的辯論之辭旁。

2020.01.15

反　面

沒有什麼修辭，可以擊碎閃耀的玻璃旋轉門
腳步們排列在出口的反面，緊促的
大汗淋漓的。
從先知到未知，有一條蛇形的漫長路途
死亡清晰且明確。
我們祈求五彩的格桑成為雲朵的反面
在羊群的脊背，和模糊的鐘擺裡發芽。
天黑下來，月光如同餌料
被誰放置於──頭頂三尺之上？

2020.01.30

無用之詩

沒有比患病更直接的方式了。
詩人何等無用，如我
拖著一具病體、一腔舊調
依賴某種同悲之心，借由患病
在自我懷疑中，抵消掉紅玫瑰般的羞愧感
和被一場無形的雪，推倒的懦弱。
近日，讀米沃什、讀赫貝特、讀蝙蝠
讀疫情資料、讀李洱、讀雪莉‧鄧恩。
讀完木心，我難過得想哭。
情緒失控帶動汗腺的運動，以及
體表溫度和貪欲的下降，有治療感。
大汗淋漓之後，我又想起芥川的那句
"人生有時，真的不如一行波德萊爾。"

2020.02.13

黎明前的守護者

未曾有過如此漫長的背影
從一個黑夜到另一個黑夜……

在豫西南邊陲小城的各個關口
在書寫生死哲學的病房
在救護車上、在警亭、在社區
在防疫指揮部的電話機旁
在會議室、在車站
在村與村、鎮與鎮交界的大樹下
在緊閉宅門就是將病毒打倒的大喇叭裡
在安然入睡的
妻子、孩子，和老人的夢田
在這個孱弱的冬季
在雨水、汗水和消毒水交織的不安裡
他們用身體，為黑暗

點亮一盞盞──希望的燈

2020.02.06

回　聲：給敏

桌上的堅果，一直在傾聽
我們敞著房門談生活，類似暢飲。
談及疼痛，我藏起手中牽著雲朵的長線
怕扯到你的傷口
它距離星星太近，距我，太遠。

白色讓人回到最初，姐姐
你髮根盛開的玉蘭，一定很美。
你的堅韌，讓我無地自容。
連窗戶也打開吧，風從我們身上取走什麼
鏡中，就燃燒什麼

2020.04.22

給萊萊

一定是個特別有趣的理由
讓你選擇了我
（你好有眼光哦）
實話講，你是不是藏在星星裡等了我28年？
請不要追著打我————
你說"眼鏡丟了的人，耳朵也不好使了"
可為什麼我把自己丟了，還那麼開心呢？

2020.06.01

信

在這樣的日子裡，你什麼都沒說。
只是，我一想起遠隔千里
心中的丘壑就荒蕪了。

我想念你曾搬運一整車一整車玫瑰的手指。
我37度的身體，急需一場大雪。

2020.02.14

齊格弗里德的牧歌

橡樹彎下豐腴的腰身，霞光掩面，群山遊走。
長笛奏響，鳥兒們偷走春天的井蓋
在冬天結冰的雲房，高高的煙囪上飛舞。
藤蔓穿過火龍燃盡的軀體，穿越死亡之谷
生出純白色的花、綠色的海。魚在那裡休憩

悲壯的軍號和波濤，邊撞擊邊消隕
魚，在那裡休憩
石刻的蝴蝶，依然不肯歸來。吻，落在遠方
不可知的繩索漸漸給烏雲鬆綁
夢在撒謊，它把黎明寫作海洋。
紅色玫瑰徹夜醒著，在溫熱的琴弦上顫抖

2020.12.29

天堂的小羊

"要有光"，冷到極致的凝結是
燃燒也是。
一團團白，安睡在窗戶和鏡子裡
很多眼睛重返人間。

軀體行走過多少日
便要經歷多少個夜的撕扯
仍有一些蔥綠在招展
懺悔懸掛在上面。欲望，蛇一般盤踞
在這個冬天，書眉上的細草已被啃食完
沒人肯鬆開牠脖頸上的繩索
沒人。

一場冷雨經過，路人擁緊她的孩子
牠呆呆看著。

2020.12.30

天麓山居

一

晨暉翻山越嶺，走過麥田、竹林
跨過淇河、丹水、鸛河
鳥鳴落在山居者的夢鄉
落在初秋的天麓
孩子們的一天，從繫上太陽親手製作的紐扣開始

二

打開窗戶，氤氳之氣便從山頂移步鏡中
淡淡桂花妝，可與西施媲美否？

三

鳶尾剛剛收起紫色的裙擺，小野菊就迫不及待
噴泉正攜手小施特勞斯跳著圓舞曲

女士們的高跟鞋合著長笛和豎琴，在風中走遠
門外貓咪的脖頸上掛著悅耳的三角鈴

四

汽車駛過掛滿金子的銀杏坡，千萬不要鳴笛
會驚擾山澗溪流長長的清談，以及
小松鼠、小野兔和雉雞的對話
牠們也會寫詩，只不過不是用筆

五

雲海下面是蒼翠的理想國
天麓，珍珠般鑲嵌在玉碧的南端。
當夜幕低垂，那碧愈發深沉、安寧、恬靜
下玄月已住進山居人的心底
偶爾還有幾盞思考真理的明燈
望著星星

2021.09.28

冬日傍晚

我已放棄對日落的追趕
放棄阻止幻想下墜而塗抹的湖藍。

放棄一枚辭藻，同時將那些低矮的雄辯拾起
還有她們大提琴似的回音。

2019.11.21

回　信

還未將夏末的蟬鳴擦乾淨
橘子汽水，從桌角流淌成黃昏。
你。我。那些只有一個時辰，跳舞的小野菊。
連七弦琴也聽到，螞蟻們借著螢火掘土的聲音。

風，已不是風了。

死亡從沒懼怕過光，它是清晨的尾巴。
當又一陣吻，落在榆樹的鎖骨上
我，也不是我了。

2019.09.05

給宋襄公

假如塞萬提斯，沒有寫出堂吉柯德的懊悔
失敗，可以同小花園裡的露珠一樣美。

白雀飛起，恰是人世的敗局已定時，而我
卸下禮帽
尚未說出，一個楚人深深的歉意。

2019.08.21

商之丘

我從楚地遠道而來
讀睢陽、讀宋城，或者說讀商丘。
光陰的書本，從卜辭到金文
再到秦篆、漢隸、楷書……
有星與河的間距，那麼厚。

我沒讀懂玄鳥的體積，她在中原大地的手心
在第一縷光被鑿開時，母親的疼痛裡。
這世間的車輪聲、諂笑聲，讖語
統統瓦解。
是誰，站立在千年之外逆風的時晷上？

正是那一座丘的庇蔭處
閼伯舉著火把，朝我走來。

2021.08.21

那些甲骨上的文字

那些甲骨上的文字，在行走。
它們走過每一個物化的節點
趟過線形的河流
穿越無數沒有溫度的岩質壁壘。
它們淡然面對祭壇的締造者
彷彿天成，毫無卑躬之貌。

它們踏上機器喧囂的鐵皮列車，與時光為伍
它們沉默不語。
儘管如此，在我遇到它們的時候
我聽到──血淋淋的廝殺
漫天星宿化作紅泥爐裡正溶解的雪
以及，嬰兒的第一聲啼哭。

2019.08.21

一場雨來的很是時候

我已麻木的不像樣子，比起
那個敢於用刀鋒拯救自己的女人。

一場雨來的很是時候，正是時候
它擦掉佈道者的餘音。

居空，是另一種安頓。
我仍深愛，被暮風吹皺的水紋。

2019.08.01

江　湖

夜被一抹震顫的辭藻刎了頸。流出深深的藍
流出淺淺，宋朝五月的蟬聲。

笠下，半生沒有黑夜的人
行走在蝴蝶夢裡物化的利刃上，腳步如風。
風牽著翻滾了千年，飛簷上海浪的衣袖

2019.06.02

燃　燒

有時候是包容。積雪的殘留。
靜默的海濤。
是一朵雲，掀開另一朵雲。

有時候，是人間視線——
稻草，與墜落前的黑夜
之間觸動的力與反作用力。

2019.07.27

物

我看見高高的枝椏上
有幾隻雀兒。
我一喊，牠們就散了。
有時候是夢，在水泥籠子裡的回聲。

一天就這樣開始。
我支起畫架、畫筆
在每一位迎面走過的人類身上
找尋不同的──動物特徵和屬性。
以一隻貓的視角。

謊言和微笑，一對俊俏的孿生青年。
接著，是出售年輪的老人
交換皮相的女子……佝著腰身
機械式沉默的人群。以及，被丟了一路
時間的果殼。

2019.05.27

這個下午

門外流動不同氣味的人和物
以及初夏。還有一些多年前
迷路的小螞蟻
牠們走來走去，走來走去
找不到我的一牆之隔。

我確信我就是我的先知。
在這個下午，日光無法抹殺我的過錯
我等待抽刀人，寬恕粗礪的牆。

我只能順從規矩向下的聲音
而時間之神，並不急於將它拔出。

2019.05.21

我不知道它們的名字

它們，沒能從一場突如其來
或者說蓄謀已久的事件中
醒過來。

身體裡的血管，和稻草
散落在一起。

它們的小領土被收繳
成為光明正大的理由
一朵、兩朵、三朵⋯⋯白色的雛花兒
像女兒稚嫩的腳趾。

我非鳥兒，我為自己生而為人而羞愧。

有關枇杷樹

魚關小島的江風，有淡淡苦澀。

被收割了一大半的油菜田
幾株扭頭張望的蜀葵
一群攔路的白山羊，和牠們
眼睛裡慵懶的綠
都成為，我遲到的理由。

我想，再等一等夜幕
它垂下來時，就不必清楚地知道
座座碑文裡書寫的姓氏
那些被遺棄的水缸、糧罐、酒甕
燈盞，越模糊越好。

那夜，我只去看了看島上的枇杷樹
將七顆枇杷果捧在手心時
我不知，該拿什麼餵養它們。

2019.05.19.晨

蓮城初見未見

在楚地時，我就曾夢仰許先生隱居
結廬的耕作之心。昨日，我來
攜一場四月盛大的春禮
攜孤雁，在三百里外的山坡上
被禮花打濕、零落的灰羽。

與許先生未曾謀面。
我提著粗重行李的手，不曾打傘。
蓮城的風，輕柔地問候我
以異鄉人禮貌又陌生的語氣。
我的身體怯怯、雙腳徐徐，回之以同禮。

意欲訪曹，卻不知如何躲避
建安元年，許都上空飛旋的暗箭。
不知，吟唱著"譬如朝露，去日苦多"
可否叩開相府的大門？
如若都不見，便登雲山、煮酒自飲矣。

2019.04.23 於許昌

起風了

風的眼睛，把黑夜藏起
如我日復一日，關上房門

常用掩耳盜鈴的技法混迹於世
幫助他人，也幫助擂著戰鼓
沒有靈魂整齊的植株

四月的陣腳，邁出一步
拉德茨基的弦音，便緊了一寸

綠和人類，都熙熙攘攘起來

2019.04.12

在瓦房村談星星

拈起美麗的十四行，月亮
從跑馬嶺上，走了下來。

是誰，正書寫漫山遍野
泛著湖藍光澤的手語，以自由為名。
是誰，正敲打流淌鐵水酣睡的山門
迸濺數不盡的螢光。

有一些綠，從孤獨了一整個冬天的
黑珊瑚的盲瞳裡長出來，猶似
我多年前丟失的翅膀。
山雀的灰羽，依然不怎麼華麗。

我靜躺在這片赭石色的山坡上
山坡，也如我般靜躺。

守山的鬼魅，還不睡嗎
狗尾草們，在風中吟唱。

2019.03.14

再訪瓦房

那日黃昏，瓦房村的曲徑上
灑滿金棕色的鳥鳴。
拐角處，遇見一株李樹
兀自下著大雪
在春風裡，迎面輕喚我的名字。

答，我不是九月。
我是九月的替身。

我從何而來，將去往哪裡
而她的靈魂在此地停佇。
不過是兩隻步履不同的時鐘
不過是，世間兩具平等的生命。

沒人知道，我帶著心願而來
與每一朵花、每一片葉為友。
松樹、樺樹、楓樹、棗樹
桃花、杏花、鳶尾、幽蘭
大山給出千萬句回聲。

瓦房村的江畔沒有船
於是我徒步，走進清宣統元年的夜晚。
古老的石磨裡，正流淌出溫暖的星星
我用身體沐浴它的溫度
"彷彿，水消失在水中"。

註：引自博爾赫斯

2019.03.27

鴨，或先知

風中竹槁，正觸探春水的脈搏
蘆草們已從河床的昨日裡走出
無數光陰脫落的舊齒
在朝霞的裙襬下安睡
造物主的神視，有一點點耀眼

此物不經意間，就成了彼物的先知
那些著白袍、著灰衫的信使
將天地神授的淡綠經文一分為二
半品在山外，半品入南冥
冬已無礙，且丟掉肉身

2019.03.07

雪之無眠夜

木樨顫動落雪的觸角，道不明
與殘月互換的，另一種重生。
秋爐裡燃盡的枯黃、熟褐
原野上紮根、齊腰，如我心般
執著的吟髮，也不得不在衰老
等待的沉默裡，裹上素紙。

趁夜色如墨，快些吧
鋪陳起滿樹的舊詞句、舊裂衣
和從未泛過舊的期許。
十二點的喪鐘，將靈魂與影子對折
將白光，與拉赫馬尼諾夫的交響詩
與夜、與這世間萬般的無奈，融合。

2019.12.29

淅川土地嶺

我來時，千年岩上的蘭開著。
雲下十月的素風，吹著。
清乾遺餘的騾音，在石板簷下縈繞
徐徐，兩個百年。

石房禪坐在嶺的懷裡。
我心，禪坐在鐫滿風土與傳說
嶺南崖壁厚厚的皺褶裡
無問歸期。

沒有烈酒，沒有蟒袍
英雄早已逐馬而去。
徒留玉帶，徒留英雄渠。徒留幾分
赤子之心，蜿蜒於山間、嶺脊。

小　鎮

披上風的影子，小鎮
逃離八月，蟬鳴式枷鎖
與我的眼睛對視，頑疾痊愈
一邊享受金色荒唐的奢侈
一邊，又被與憂鬱相仇
相殺的小靈魂攫取

我已放棄找尋尼采的酒神
將雙腳高高束起
將烏髮，盤繞成小鎮腳下
柔軟的草履
我丟掉我的床，他彈奏他的狂想曲
浮雲，且歌且舞

2018.08.06

歸途已晚

馬路疾走。熱風穿透我
穿透我軀殼裡沉下來，之外的弦音
之內的潮聲。

那些隱匿在昏黑裡的驚恐，和風動的執著
迫使天空，垂下碩大的頭顱
窺探七月的槍傷。

比小鎮阿爾更深的深藍裡，螢蟲分裂畫布
猶似傳道者復活的眼睛，為每一位途經
洗禮的路人，祭奠或歡慶。

2018.07.12。凌晨

聽鳥叫

空房間裡的寂靜，被鳥喙收走。

當你觸碰到，那些日復一日赤腳
碰壁，流動著的陳舊
請為它們戴上嶄新的鐐銬
然後，打開一扇窗。

你聽到了嗎，雨下的虛弱無力
掩蓋不了瓦藍裡，關於白色壯烈的廝殺……
梔子也好、流蘇也罷
同艾爾加協奏曲一起下墜。

連同弦端哀怨的香氣，也被鳥喙收走。

2018.06.30

六月的早晨

光，是六月早晨新生的麥田
當愛倫坡的烏鴉，把它們啄碎
露出，與一切存在著的事物
複製存在的，黑色無形

路旁那株美麗的蜀葵，便
叩開了失眠人的心門。儘管
她的藤蔓，牢牢拴住時間的褲腳
風，仍在趕路
（蝴蝶，吻上我乾裂的唇）

2018.06.05

雲中的菖蒲

江河不得不接納千百年來，歷史
傾倒的苦水。以及昨夜，滴答了
一整晚，時節賜予的狂歡。

緊接著，空洞都溢出水面。
車輪也爭相輾軋出另一種繁榮
這難道不是世間該有的轟鳴？

我轉身，想去問問雲中的菖蒲
在這俗世裡，又是如何
不假日色，不資寸土。

2018.06.18 端午

水來如相見

墨與白，羞澀至無魚。
宓妃扭動她的腰肢，隨即
又將三國的小軒窗緊閉。
那些久負盛名的春色
便紛紛，落于水中。

落于水中的，還有昨夜
待嫁的素風、素雨，以及蛙鳴。
你，卻沒有來。芙蕖的雲髻未解
清晨的轎輦，也載不盡
那一湖失落的繁星。

2018.05.20

夜尋曹景完不遇

舉孝廉的貽風匆匆刮走，留下些
金石與雨水，交替迸濺的星眸

在去往東漢郃陽的雲路上，它們
一會兒靜若幽蘭
一會兒，逸宕如鵲

夜被城寺間又一團花火照亮
黃巾軍的道法，燼燃成千百年後
某個煦煦春升的早晨

狼毫、短鋒。尋曹景完不遇
潺潺清溪，將我帶至孔夫子的門口

註：近日習《曹全碑》有感，詩易字難。

2018.05.07

迷　途

從不拒絕風的慷慨，我想
只是想，將身體放進禿鷲的回憶
在遠方潔淨的瓦藍
完成另一種苦行

一個失敗的沉默者
又如何懂得，喬達摩的旨意
永恒的門口那麼擠
我赤裸著雙腳，來了又去

2018.05.05

後　來

鳶尾，刺傷自己的紫
敲開四月，最後一道鐵門
她拖拽著一整條漫長的溪流，和
身後，沉沉的等候

直到月光，離開孤獨國的棺槨
被春風圍困的幽靈之火，熄滅
春深深似海的靜謐
才被無辜的蛙鳴，一一打破

2018.04.23

啞

窗外，春風馳過灰色喧鬧
凌亂幾片鳥語。
我坐在三樓，空洞洞的水泥盒子裡
看頭上烏雲成群，手拉著手
從自由的一端，走向另一端

細雨想落在哪兒，就落在哪兒
所到之處，皆是回音。
對面舊屋頂的通訊塔，可否
穿越人類密集的惶恐，找到我
走失在鐘擺前，午夜的身影

2018.04.02 雨

初九日登淅川龍山尋茶

攀龍脊。只有鐵馬，金戈已被千瓣桃紅
和風爐上待沸的山泉融化
喬松的身體，是般若波羅蜜多
最沉默的一筆
一半在泛著微光的瓦藍裡
一半，在飛鳥流浪時
最執著惦念的，落葉彼岸

採雀舌。一場新雨，驚醒滿山鳥鳴
驚醒天地萬物，深埋於雪的慧根
二月，順勢彈奏起深深淺淺
時而高亢，時而低沉的綠音
風來早，嫩芽才露尖尖角
採茶人的竹筐裡，已然溢出
滿滿，三個春天

懷陸羽。飲禪茶，拈素杯
調身、調心、調息，學達摩面壁
含一口淡墨微苦，粗筆勾勒胸中山河

再一口醇澀焦墨，皴擦寫意氣魄
又一口瓊汁點染，溫潤身體的生宣
"三飲便得道，何須苦心破煩惱"
我趺坐在林中，山外

2018.03.26

春天，一朵詩的命運

　"天盡頭，何處有香丘……"
　我看見時光凋落的髮
　在蝴蝶，銜來的悲歌裡打轉
　像女兒七歲時初生的幼齒
　像去年冬天的雪，稚嫩
　又衰老的白

　我只是短暫駐足，同蝴蝶一起
　又被風拉走
　身後幾瓣跌下神壇的讖語
　輕輕扯著我的衣袖
　昨夜，她賜予月光、泥土的芬芳赤裸
　風、蝴蝶，和遠處蒼茫的岵山
　誰也帶不走

2018.03.22

秋 千

風已來。窗外的廣玉蘭，還不捨
丟下他十年前
婚禮上，那件拖尾白紗裙
漾出的傷

走近了。烏雲，卻邁出
被鐵鎖關閉的童年
在羅曼‧羅蘭的舊花園裡
與克里斯朵夫的故事，擁吻

依然是五月。可有可無的我
戴著，虔誠的禮帽
被無數復蘇的影子，推送
在光的眼睛裡，搖擺

2018.05.04

三　月

有權保持她的緘默，春天
捧著去年冬，大團大團雪白
輕放在憂鬱的湖泊
（哦，這個顛倒的世界）

墳墓旁的黃鶯們
啄碎她項間珍貴的翡翠
並歡唱，炫耀嘴邊隨處可得的新綠
她聽到那些似有可無，微弱歎息

三月的眉頭緊鎖，炊煙
嫋嫋，何嘗不是輪迴與燼滅
暖風吹來復蘇的生機
荒草，用盡最後一絲力氣

2018.03.16

元　宵

撿起石器時代廢棄的火種
今夜，人間遍佈月亮的替身

那些舞動的蛟龍，何嘗不是
鑼鼓喧天裡，掙扎著重生與自由

提蓮燈的信使們，虔誠
年復一年，複製土地上斑駁的腳印

目送升騰的煙火，我始終在原地
倚著一樹不眠的繁星

2018.03.03

花未眠

馬蹄將近。箕風，吹散酒醉的耳語
靡靡薄草，花事懸於窗外
簷下起舞的舊影、漢時瓦當
在我未眠的今夜，蘇醒

夢未至。守夜人，早已了無蹤影
笑看殘月，如此癡情
僅留一盞薄酒
和我，不知從何而來的肉身

2018.02.28

站立的夢

昨夜，我在夢築的高牆內掙扎
牆外成群的馬匹，和趕路人
在我，夜的耳朵裡行走
他們要去往哪里
我不知道

奄奄一息的鐘擺，敲打著
時間與空間交集的裂縫處，透出的
神的瞳孔——銀色星光
而簡‧奧斯汀的藍裙襬，我內心的野火
在風中時而燃燒，時而熄滅

2018.02.21

在醫院

在醫院，擺渡人手裡的銀刀
將生而蜿蜒的山路
劈斬成筆直的兩道，水路
一條通往幽暗的魔窟
一條攀上綠枝，可見繁星

記憶，在約翰·塞巴斯蒂安·巴赫的
夢幻曲裡，兒時圍坐的火爐旁蘇醒
麻醉劑，讓人丟掉死的恐懼
以及在生面前，略顯尷尬的
赤裸，和紛繁欲望

恰逢玫瑰，在雪地裡盛放的日子
我蒼白腫脹的右胳膊、冷靜的左心室
灌滿了消炎藥水、古典音樂
淡藍色的條紋病服，也在雪白中
躺成一首，正在去往衰老的——情詩

2018.02.1

手書三疊

當我的靈魂飛向你，寒夜
披上暗紫色裘衣
十二月的腳踝，赤裸著
赤裸著，趟過靜靜的雲河

當我的靈魂飛向你，連同
經年，未彈奏過的錦瑟
花兒早已忘卻綻放，時光鬢角
蔓生出茫茫大雪

當我的靈魂飛向你
指尖在丹水中結冰
儘管航道已封停，來不及擁抱
你的文字是一粒粒火種

2018.01.20

落雪七行

雪至。紛飛我
弦歌飄蕩的素衷

騎騅馬。白雲點地、濺影梵花
皆是過客，為塵俗
縛上一匹，繡滿梅香的白綾

踏夢。六百里平川，望而折返
躊躇著暮色將臨，碎玉聲聲

2018.01.03

春無大志

鳥兒啁啾，落在三月清瘦的肩膀
桃苞尚未走出待嫁的院落

隔窗的畫匠，便早早棄筆
把一湖青藍直潑雲上

走出房門，腳下暗藏山巔的白
和整個冬天，蜷縮在他心底裡的赤褐

他正躊躇著，如何取走一牆之隔的粉紅
轉身，便撞倒了春風

2018.03.11

看　到

我看到許多久違的星星，化作永恒的雪
看到一輛黑色汽車，被未來駛過

看到自己透明的軀體，與頑石扭結在一起
看到一些微風，吹拂活著的日子

2018.10.30

夜思十四行

燈正昏，散落的呼吸靜謐
時光裡打坐。麻雀，縮起牠們的腳
以老邁的姿態
積攢半生的囈語，也在
孤夜，卸下神秘面紗

關閉螢蟲飛舞的想念
關閉一幕幕黑白交替的蒙太奇
關閉，庭外瘦弱西風
自由搖曳的四葉草、蒲公英
匆匆趕路的遠山，與濤聲

我拈一顆，與生命對弈的棋子
一粒，被駱駝咀嚼過的星
隔空，手談
在天河另一端，上弦月的唇邊

2017.10.20

初十日行都江堰夜望離堆

掬一輪秦時明月，在蜀地九月
初十，綿綿細雨錦端懸掛
我吟唱著"少壯幾時兮奈老何"的楚歌走來
而你，已在此堅守
茫茫，兩千個春秋

濃密鬚髮，根植
在歲月蒼老的孤寂裡，不曾霜白
座下怒吼的孽龍，俯身
潛腰，敗倒李冰仗前
臣服於岷江一分為二的慷慨

寶瓶口，吞下歷史奔騰的怒吼
離堆身後，沃野千里的天府之國
安寧，似這夜幕垂向大地
深深，沉靜的溫柔

2017.11.03

凌晨 12 點

夜，騎著黑白兩色
高頭大馬
在失去與擁有
理性和欲望之間
肆意地，闖蕩

2017.11.13

14日，雨

清晨，拜倫式的憂鬱
細細密密，滴在我清冷髮梢
雪，還沒有來
路兩旁，列隊等候的梧桐
把冬的秘密，全部傾訴在冽風裡

蹣跚老人，裹緊肩上
陳舊厚重的方格兒回憶
灰色路面，暈出橢圓點點
關於瞬間和永恒的思考

都怪我太貪心
將昨夜，熟睡的星
蒼穹大樹，凋零的落葉
枯枝，一一撿起
遠方的雪，仍沒有來

2017.12.14

我採下

那朵，沾滿莫迪里阿尼
幽玄純潔，藍色憂鬱的玫瑰

在昏暗，快要窒息
與星輝蛇繞的意念裡

悄悄，綻放
歡愉……

2017.11.13

請原諒我

請原諒我今夜不想說話
原諒那杯梅子酒
（儘管梅子沒有熟透）

原諒我踉蹌著的心
和端正影子打架
原諒夜風，親吻蒲公英的額

原諒我的流浪，去往
沒有你的遠方

原諒為你燃燒過的身體
和你，總也望不見的憂傷

2017.01.14

我想寫一首悠長的詩

活著的雲朵，悲涕那些死去的
鳥兒飛旋在潔白的墓碑

不過是時間的旅客，那些
曾經熙攘的道路上
找尋自我，迷茫的前身

趁天亮以前，西風還未困倦
咀嚼著，馬爾克斯的苦杏仁
聆聽相似的影子，講述天空
大地，和我的憂鬱

又何嘗不是你的憂鬱呢
白駒腳下，我站在沉默裡

2017.09.25 晨

黑　夜

我平躺在天地巨大的旅舍
浮生側臥，呼吸起伏不絕
時間默默地流走，月光向西
向著，那些暴露在月下
珍貴的赤裸

黑色已然安全。
蒼茫裡，夜風牽著失眠人的手
大跨步行走。眾生，搖曳著
醉望沉睡的佛陀

我輕觸空中，結痂的落寞
烏雲，時而遮蔽孤獨星星
你遙望的眼睛
我撿起地上，白晝丟棄的廢枝
撥開黑夜，看見藏在心底微微滲血
跳動的黎明

2017.09.22

愁　眠

夜，晚一點或早一些來
氣味，竟沒什麼不同
我，一個一無所有的人
佇立在夏末河岸的憂思，潺潺

月下的妄語，如詩懸掛
與清風，殘存的蟬鳴附和著
附和著，蒼穹倒走的星
一顆顆卵石，無奇的人生

桂花醉，暈染等候多時的早秋
那些年輪深刻的故事，欲語
矜持著腳步，還休
十二行閑言，越發寂寥

邊　界

蟬在窗外鳴叫著無知的歡樂
我的手指忐忑，從清晰的黑白琴鍵
緩緩走入歷史彌漫的硝煙
走過一九六二年，站立在喜馬拉雅
人類屋脊，和平兩側的炮火前

紛紛倒下，來自新德里的越界者
那些浸泡在時光列車裡的人臉
二零一七，再一次浮現
被暴虐的火藥味空氣擠壓，變了形
在喪失理智的狂想中猙獰
是誰？再一次忘卻世界原本美好，寧靜

思緒在血色槍林，彈雨中穿梭
而我手中緊握的畫筆，曾經
飽蘸青春顏色，無比斑斕
月下翩翩起舞的自由之筆
醒來，早已鋒利成峰
在綿綿雪山，無盡的——蒼茫裡

2017.08.07

九月二十八日記

當清晨第一縷陽光，穿透灰巨人
龐大的宇宙，浮雲掌心
照射快要發黴，層層疊疊的陰鬱
（連續五天的陰雨）和舊麵包

喝著白開水，咀嚼費斯汀格法則
望窗外漸漸消散，世俗裡
披輕紗，濁氣的飄渺
吞吐著陳舊與嶄新，又一天開始

講話、勞作，機械式重復
冥想、飛翔，形而上
在別人的夢想裡大膽舉杯
與老子，與亞里士多德共舞

那些麻木，大腦灌滿鉛水的行者
拉著我，與成群的鴕鳥為伍
眼看著醜陋，已成長為皺紋

2017.09.28

秋

你沒有聽到風的呼喊嗎
那個孤獨的人，拉扯著我

整齊的擊鼓聲，像有預謀似的
把黑夜，一層層
從遙遠天際剝落

天亮時，便滿地
都是沙啞的枯黃了

2017.10.08

投　壺：憶南陽漢畫像石

投壺，射之細也。
燕飲有射以樂賓，以習容而講藝也。——《禮記》

無鏃之矢，是為酒
我飽飲了東漢，九壇春
靡靡癡醉的詩心
在白河岸，丁酉年
亥月裡無奇、無癢、無痛的某日
夤夜，宴請秋風

聞酒趕來的霍去病、王莽、劉秀
足足遲了兩千年，百矢百中
卻不及，那得寵的俳優
也不及那畫像石鑿刻者
刀刀精准的通靈、雄渾
造墓人，雕鏤輓歌的虔誠

舉一樽美酒，與天、與地
與月，與九尺地下

棺槨旁苟活著的螻蟻，對飲
曲徑踽踽，獨行
無所謂清醒，無所謂酩酊
遙望遠處，微弱螢火
視死，如視生

2017.11.17

莊子的來信

沒有比夢更大的房子。當信劄
由梧桐葉的左手寫就
窗戶和門，紛紛被卸了下來。

八月的光，舞動在一放一收之間
寬大的水袖上。
飛翔的腔膛之音可否九萬里？

蓬蒿叢裡晾曬著積雨雲的影子
螞蟻們，排著長長的隊伍
風，像孩子般自由。

2018.08.24

落　葉

不得不說說第二生命，而不是戰爭。
我在清晨歸家的小徑遇見她們
便想起卡爾維諾，和他的月亮。
這些跌落的金子，多麼安靜
我想進入她們，再次體會被母親誕下時的驚慌。
我的母親，名字叫小雪。
在另一種關係裡，我讓自己成為姐姐。

2019.11.24